Début d'une série de documents
en couleur

COUVERTURES SUPERIEURE ET INFERIEURE D'IMPRIMEUR

À Monsieur Léopold Delisle,
de l'Institut,
Président de la section d'histoire
du Comité des travaux historiques
et des sociétés savantes.

Hommage de l'auteur
Ch. de Duroca

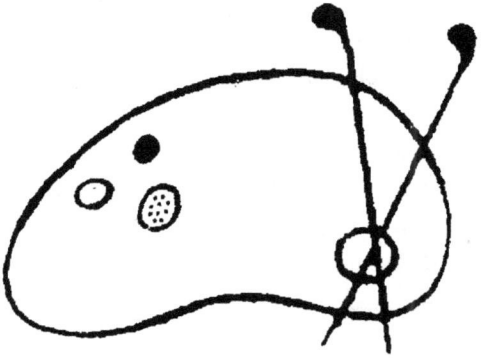

Fin d'une série de documents en couleur

15ᵉ réunion des Sociétés savantes à la Sorbonne en 1877.
Section d'archéologie.

MÉMOIRE SUR UN DENIER GAULOIS INÉDIT
A LÉGENDE GIAMILOS *(de sa collection)*

Par M. Th. DUCROCQ
Président de la Société des Antiquaires de l'Ouest.

Poitiers, typographie A. Dupré,
Imprimeur de la Société des Antiquaires de l'Ouest.

MÉMOIRE

SUR UN DENIER GAULOIS INÉDIT

A LA LÉGENDE GIAMILOS,

Lu à Poitiers à la séance du 9 mars 1877 de la Société des antiquaires de l'Ouest, et à Paris à la Sorbonne, à la 15e réunion des délégués des Sociétés savantes, section d'archéologie, le 4 avril 1877,

Par M. Th. DUCROCQ,

Professeur de droit administratif à la Faculté de droit de Poitiers,
Bâtonnier de l'Ordre des avocats à la Cour d'appel,
Président de la Société des antiquaires de l'Ouest,
Officier de l'instruction publique, chevalier de la Légion-d'Honneur.

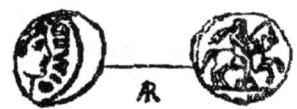

Plusieurs monnaies gauloises de bronze à légende GIAMILOS sont depuis longtemps connues, bien que certaines soient peu communes.

Mais aucune pièce d'argent à cette légende n'a été décrite et publiée avant celle dont nous présentons la gravure, qui est récemment entrée dans ma collection, et qui fait l'objet du présent mémoire.

Il sera divisé en quatre parties :

La première contiendra la description de ce denier gaulois, et sa comparaison avec les monnaies de bronze connues à légende analogue ou identique ;

— 2 —

La deuxième déterminera la provenance de ce denier;

La troisième fixera l'époque de son émission;

La quatrième et dernière contiendra l'examen des raisons de décider ou de conjecturer, relativement à la grave et difficile question du lieu d'émission et de l'attribution de cette monnaie à un peuple déterminé de la Gaule.

I.

Description de ce denier, et sa comparaison avec les monnaies de bronze connues à légende analogue ou identique.

En 1846, Duchalais a décrit trois sortes de bronze à légende GIAMILOS dans l'ouvrage qu'il a consacré à la *description de toutes les monnaies gauloises* faisant alors partie des collections de la Bibliothèque royale.

Mionnet les a également cataloguées sous les n⁰ˢ 67, 68 et 69.

De ces trois bronzes, depuis longtemps connus, il en est deux qu'il convient de réunir; ils occupent, dans l'ouvrage de Duchalais, les n⁰ˢ 618 et 619 (pages 258 et 439); le type en est « très-barbare », suivant l'expression de l'auteur; ils portent à l'avers la légende GIAMILO, avec tête imberbe tournée à droite, et, au revers, la légende SIINVI, avec oiseau à gauche courbant sa tête vers la terre, et divers symboles.

C'est d'une masse homogène de ces bronzes gaulois que l'éminent directeur de la *Revue numismatique*, M. Adrien de Longpérier, a signalé la découverte près de Sens, dans le volume de 1863 (page 74).

Le même membre de l'Institut a publié, dans le même volume (planche XVI, n° 4) un autre bronze à légende SENV; et notre savant confrère M. Hucher (page 308 du même volume) fait le rapprochement de ces deux mots SIINVI et SENV.

Sur le troisième bronze, décrit par Duchalais sous le n° 617, ne se retrouve plus, au contraire, le mot SIINVI. Ce bronze porte le même mot sur les deux faces : GIAMILO à l'avers et GIAMILOS au revers.

Ce troisième bronze, d'un très beau style, présente à l'avers le calque presque exact de la tête laurée et diadémée de Vénus, qui se trouve sur les deniers de la république romaine des familles *Considia*, *Pomponia* et *Vibia* (Cohen, planches XIII, 8 ; XXXIV, 5 à 15 ; XLI, 3 et 15).

Le type du revers est une aigle les ailes semi-éployées, tournée à droite, posée sur un foudre et déchirant un serpent. C'est à l'exergue sous le foudre que se trouve placée la légende GIAMILOS, qui, à l'avers, est au-devant de la tête. Duchalais fait observer (page 439) que ce type du revers paraît également emprunté à un denier romain de la famille *Pomponia*, dont l'aigle porte le corps tourné à gauche et la tête à droite, avec la légende Q. *Pomponi* placée aussi à l'exergue (Cohen, planche XXXIV, 3). Enfin le même auteur signale cette pièce comme ayant le degré de rareté le plus élevé (page 449).

M. Hucher, dans la planche LXXXII (n° 2) de l'*Art gaulois*, a publié ce beau bronze du Cabinet de France, en le notant comme étant « de provenance inconnue ».

Telles sont les monnaies gauloises, les unes à légende GIAMILO-SIINVI, la dernière à légende GIAMILO-GIAMILOS, publiées jusqu'à ce jour ; et toutes sont de bronze.

Notre denier était, au contraire, inconnu aux savants auteurs, MM. Duchalais et Hucher, que je viens de citer, et jusqu'à cette heure il est inédit.

Toutefois il en existe maintenant au Cabinet de France un exemplaire, qui a appartenu à M. de Saulcy, et fait partie de la magnifique collection de monnaies gauloises cédée à l'État en 1873 par l'illustre académicien.

L'éminent conservateur du Cabinet des médailles, M. Chabouillet, a eu l'extrême obligeance de me le faire connaître à Poitiers, lors de la découverte de mon exemplaire, et le savant M. Muret a bien voulu me donner l'assurance que celui-ci est le deuxième exemplaire connu de ce denier. Ces données vous indiquent son extrême rareté. J'ajoute que, comparant à Paris, avec M. Muret, les deux exemplaires, il nous a été facile de constater que le nôtre est plus beau que celui du Cabinet de France. Nous établissons plus loin, avec l'époque de son émission, que notre denier n'a dû en effet circuler que fort peu de temps.

Et maintenant que les précédents sont rappelés et que la comparaison va devenir facile, j'ai l'honneur de présenter la description de cette précieuse médaille.

Son avers représente la même tête de femme laurée et diadémée, tournée à droite, que celle du dernier bronze, que, par ce motif, nous avons soigneusement décrit (Duchalais, n° 617; Hucher, *Art gaulois*, planche LXXXII, n° 2). Le profil, les ornements, la couronne, le bandeau, les lemnisques du bandeau, sont les mêmes; même grènetis au pourtour de la pièce; même place de la légende au-devant de la tête; même légende, sauf que la dernière lettre du mot GIAMILOS, la lettre S, se trouve sur l'avers de notre denier et ne se trouve pas à l'avers de ce bronze; enfin mêmes caractères de la légende, dans lesquels A et M sont liés en monogramme.

Le revers des deux pièces varie au contraire, et ce denier révèle un type nouveau.

Ce n'est plus l'aigle sur un foudre.

C'est un cavalier, allant à droite, tenant son cheval en bride, et portant un rameau. Il a sous son pied le symbole que sur le bronze on voit derrière la tête du droit (derrière de tête qui manque à notre denier, comme à celui du Cabinet de France, par suite d'un accident de frappe), et que Duchalais (p. 258) signale sous le nom de *grecque*.

Toutefois, même sur ces revers à types différents, nous trouvons encore certaines ressemblances dans les deux pièces. La légende y est également placée à l'exergue. Elle est illisible sur notre exemplaire, et nous nous sommes assuré qu'elle l'est encore davantage sur l'exemplaire du Cabinet de France. Jusqu'à preuve du contraire, résultant de la lecture d'un troisième exemplaire de ce denier (quand il se rencontrera), nous tenons pour certain que c'est la légende GIAMILOS qui figure au revers comme au droit. Nous fondons cette assertion : 1° sur la partie supérieure de quelques-unes des lettres apparente sur notre exemplaire et qui se prête à cette lecture; nous reconnaissons, en effet, sur ce revers, le sommet du monogramme AM, et surtout des lettres ILO ; et 2° sur les ressemblances frappantes et multiples que nous venons de signaler entre notre denier et le bronze GIAMILO-GIAMILOS.

J'achève cette description en constatant : que ce denier est également d'un très-beau style ; que notre exemplaire est dans un état de conservation remarquable ; que son poids est de 1 gramme 90 centigrammes ; et enfin que son diamètre est de 14 millimètres.

II.

Détermination de la provenance de ce denier.

Après avoir ainsi décrit ce denier et l'avoir comparé aux pièces à légendes identiques ou analogues antérieurement connues et publiées, nous devons faire connaître et constater la provenance de notre exemplaire.

Il fait partie de ce trésor de Vernon (Vienne) dont la découverte en 1874 fut pour la science une heureuse fortune, qui a fourni au Cabinet de France l'occasion de réaliser plusieurs acquisitions, et dont les *Bulletins* et *Mémoires* de la Société des antiquaires de l'Ouest ont rendu compte d'une manière approfondie.

Mais ce trésor n'était pas sorti de terre tout entier en 1874, malgré la masse de 2,500 pièces environ de monnaies d'argent romaines consulaires et gauloises, acquise alors par le commerce parisien et par les amateurs poitevins. Le sol de Vernon en conservait encore des débris. L'inventeur, qui dans l'opération avait de sérieux motifs de se hâter, en brisant le vase ou les vases qui enfermaient ce considérable amas de monnaies, en avait répandu un certain nombre dans le sol. Elles viennent de s'y retrouver fortuitement par suite de la mort et de l'arrachage, en 1876, d'un arbre dont la plantation en 1874 avait fait découvrir le trésor.

Le *Bulletin* de la Société des antiquaires de l'Ouest du quatrième trimestre de l'année 1876 constate (pages 439, 440, 455 à 460) toutes les circonstances de fait qui ont amené et qui caractérisent cette *nouvelle découverte ou plutôt ce complément de découverte*. Nous devons nous borner ici à renvoyer à cette publication. La Société des antiquaires de l'Ouest a donné à ces faits un caractère d'authenticité qui s'ajoute à leur notoriété.

Nous avons annexé au présent mémoire pour sa production à la Sorbonne, et comme preuve justificative sur cette question de provenance, un exemplaire de ce *Bulletin* du quatrième trimestre de 1876 de la Société des antiquaires de l'Ouest.

Il en résulte que ces débris du trésor de Vernon se trouvaient, pour partie, entre les mains de la municipalité de Vernon, qui depuis les a vendus aux enchères (60 pièces environ trouvées dans des fouilles accomplies sous nos yeux, le 6 novembre 1876, sur le terrain communal séparé du cimetière de Vernon et désigné comme étant le lieu précis de la trouvaille de 1874), et, pour autre partie, « *dans la main de la plupart des habitants de la commune de* » *Vernon* (1) », qui presque tous s'étaient livrés sur le même emplacement à des recherches publiques et personnelles.

C'est de l'un de ces habitants que nous avons acquis notre denier à la légende GIAMILOS-GIAMILOS.

Il est certain et en dehors de toute contestation que ce très-rare denier, comme toutes les autres pièces trouvées à Vernon dans les derniers mois de 1876, fait partie du trésor de Vernon découvert en 1874 et forme (comme nous l'avons démontré dans notre rapport du 16 novembre 1876 à la Société des antiquaires de l'Ouest) l'un de ses débris répandus dans le sol par l'inventeur.

La détermination formelle et précise de la provenance de notre denier a une importance d'autant plus grande, que la provenance de l'exemplaire du Cabinet de France est inconnue.

Nous devons nous demander maintenant quelles sont les conséquences qui résultent tant de la provenance ci-dessus déterminée que de la description de la pièce et de son type comparé aux pièces antérieurement connues, au double point de vue de l'époque de son émission et du lieu d'émission.

---

(1) Page 458 de notre Rapport du 16 novembre 1876 sur les fouilles faites à Vernon le 6 du même mois; quatrième *Bulletin de* 1876 *de la Société des antiquaires de l'Ouest.*

III.

Fixation de l'époque d'émission de ce denier.

La première de ces questions, relative à l'époque d'émission, est désormais la plus simple, et par ce motif nous l'examinons en premier lieu. Elle nous paraît même résolue par la présence de ce denier dans le trésor de Vernon.

Les pièces romaines consulaires et gauloises composant une petite partie de ce trésor (un peu plus de 200 pièces) ont été décrites par nous dans un mémoire lu à la Société des antiquaires de l'Ouest dès le 18 juin 1874 et inséré dans ses *Bulletins* (1874, pages 84 à 98). Nous y avons, d'après les dates d'émission des deniers romains, fixé l'époque de l'enfouissement de ce trésor peu après l'année 710 de la fondation de Rome (44 ans avant J.-C.).

Un très-savant numismatiste, M. Anatole de Barthélemy, après avoir examiné le gros lot de la trouvaille acquis par le commerce parisien, a conclu dans le même sens que nous, dans une remarquable étude principalement consacrée à la partie gauloise du trésor de Vernon, insérée quelques mois plus tard dans les *Mémoires* de la Société des antiquaires de l'Ouest (tome XXXVII, p. 308 à 532).

Cette détermination de l'époque de l'enfouissement aux environs de l'année 710 n'a été l'objet d'aucune contestation ultérieure. Elle doit donc être considérée comme acquise au trésor de Vernon.

Les conséquences qui en résultent pour la fixation de l'époque d'émission de notre denier sont manifestes et très-précises.

D'une part, il est certain que cette émission est antérieure à l'an 710 (44 ans avant J.-C.).

D'autre part, le remarquable état de conservation de cette pièce [1] prouve qu'elle a fort peu circulé avant d'être enfouie dans

---

[1] Les membres de la Société des antiquaires de l'Ouest, dans la séance de la Société du 9 mars 1877, le bureau et les membres de la section d'ar-

le sol, et par suite que son émission est fort peu antérieure à cette même année 710 (44 ans avant J.-C.).

Donc la fabrication de ce denier gaulois est certainement contemporaine de la conquête romaine. Sa présence, en très-bel état de conservation, dans le trésor de Vernon, nous paraît permettre de considérer ce point comme étant, dès à présent et définitivement, acquis à la science.

IV.

Opinions diverses et conjectures relatives au lieu d'émission de ce denier et à l'attribution des monnaies à légende GIAMILOS.

Nous avons pu être très-affirmatif sur la question d'époque d'émission ; nous n'abordons au contraire qu'avec les plus grandes hésitations la question relative au lieu d'émission ou d'attribution de cette monnaie à un peuple déterminé de la Gaule.

Pour conclure en toute sécurité il nous faudrait quelque chose de plus que cette découverte récente, à l'état d'unité, d'un nouvel exemplaire de ce denier longtemps ignoré, et dont hier encore les maîtres de la science ne pouvaient connaître que l'unique exemplaire du Cabinet de France.

Nous surtout, à qui la réserve convient sur une question aussi délicate et aussi compliquée, nous ne pouvons nous permettre que des conjectures.

La difficulté se complique de l'existence même des bronzes à la légende GIAMILOS.

Tous ces bronzes doivent-ils, sans distinction entre eux, recevoir la même attribution ?

Notre denier doit-il la subir ?

Faut-il, au contraire, faire un partage entre ces pièces et se prononcer pour des attributions différentes ?

chéologie de la réunion des Sociétés savantes à la Sorbonne dans la séance du 4 avril 1877, en ont jugé par eux-mêmes.

Et quelle sera, soit l'attribution unique, soit les attributions multiples qu'il conviendra de faire?

On voit qu'il y a place pour une grande diversité d'opinions et de systèmes.

Duchalais, qui ne raisonnait qu'avec les monnaies de bronze à légende GIAMILOS, ne fait aucune distinction entre elles; il les attribue toutes également à « une peuplade incertaine de la Belgique » du sud-ouest (pages 427, 432 et 449) », et il appelle Giamilus « un » chef belge inconnu (page 422) ».

La provenance de Vernon, en ce qui concerne notre denier, permet d'exclure cette attribution lointaine.

M. Anatole de Barthélemy, après avoir rendu compte du millier de monnaies gauloises découvertes à Vernon en 1874 et acquises par le commerce parisien, concluait ainsi (1) : « On remarque (dans » la trouvaille de Vernon) que les monnaies du Sud-Ouest sont » tellement rares, qu'elles n'y paraissent que comme exception ; » celles du Sud-Est et de la péninsule armoricaine *y manquent* » *complétement, ainsi que celles de la Belgique*. Il semble que nous » ayons là un specimen du numéraire d'argent qui circulait prin» cipalement dans la Celtique proprement dite, abstraction faite de » l'Armorique. »

M. Hucher qui, bien qu'à une époque beaucoup plus rapprochée, a dû composer son bel ouvrage de l'*Art gaulois* sans connaître davantage l'existence du denier à légende GIAMILOS, s'est prononcé pour une attribution de Giamilus aux Carnutes. Il dit (page 35), en parlant du dernier bronze ci-dessus décrit, que « la » grande ressemblance de son type avec celui du CATAL (pl. v) » permet de lui donner avec presque certitude une origine car» nute ». Le savant auteur fait en outre remarquer, au bas de la planche LXXXII n° 2, que ce bronze est analogue aussi aux bronzes à la légende *Pixtilos* attribués à un chef carnute (*id.*, page 38). Ce qui paraît encore l'avoir déterminé dans cette attribution, c'est que l'aigle sur un foudre lui semble un signe de ralliement à cette contrée.

(1) Page 527 du tome XXXVII des *Mémoires de la Société des antiquaires de l'Ouest.*

Il est vrai de dire que la présence de notre denier dans le trésor de Vernon n'exclut pas cette attribution de GIAMILOS aux Carnutes proposée par M. Hucher en dehors de l'existence de cette pièce.

Cela résulte de la citation ci-dessus empruntée à M. de Barthélemy à propos de l'attribution de Duchalais à la Belgique. M. de Barthélemy constate en outre dans le trésor de Vernon (*loco citato*, page 520), sous les n°ˢ 65 à 70, vingt-sept pièces attribuées aux Carnutes (Hucher, 2ᵉ partie, n°ˢ 108, 115 et 116); il constate en outre à Poitiers même la découverte, à des époques diverses, de sept pièces carnutes (*id.*, page 507, n°ˢ 24 à 31).

Donc, la provenance de notre denier ne serait pas déterminante pour contredire par elle-même et par elle seule l'opinion toujours si grave de M. Hucher.

Il y a toutefois, au moins pour certains bronzes à la légende GIAMILOS, une indication plus précise encore pour leur attribution, et que M. Hucher ne conteste pas (*Revue numismatique*, 1863, page 308).

L'existence du mot SIINVI (1) sur les premiers bronzes signalés fournit cette indication; il en est de même de la variété SENV, ci-dessus mentionnée.

Malgré l'extrême rareté des ethniques sur les monnaies gauloises, il est difficile de ne pas lire sur celles-ci l'ethnique des Senons. La découverte en nombre de ces pièces auprès de Sens, en 1863, constatée par M. Adrien de Longpérier, et ci-dessus mentionnée, confirme cette interprétation.

Dès lors, dans le système qui voudrait ne disjoindre dans leur attribution ni le denier GIAMILOS des bronzes au même mot dans leur légende, ni ces bronzes entre eux, nous ne voyons pas pourquoi l'attribution aux Senons ne serait pas préférée à toute autre, et c'est en effet celle que M. de Saulcy avait donnée à ce denier dans le catalogue de sa collection.

La présence de notre denier dans le trésor de Vernon ne contredirait pas absolument cette attribution, ainsi que celle aux Car-

---

(1) M. Adrien de Longpérier a démontré que le caractère II constitue l'E gaulois.

nutes, d'après le passage cité de M. Anatole de Barthélemy, les Senons appartenant à la Celtique proprement dite aussi bien que les Carnutes. Néanmoins nous pensons que la découverte de ce denier à Vernon et son type autorisent d'autres conjectures.

Nous ne dissimulons pas notre éloignement à accepter pour ce denier aucune des attributions ci-dessus, aussi bien celle aux Senons que celle aux Carnutes, et que celle aux Belges la moins acceptable de toutes.

Ce sentiment se fonde, en ce qui concerne l'attribution aux Senons ou aux Carnutes, dans une certaine mesure seulement sur la provenance du denier, et surtout sur son type du revers.

Toutefois nous venons de reconnaître combien étaient déterminantes les raisons d'attribuer aux Senons les bronzes à légende GIAMILO-SIINVI; nous nous arrêtons effectivement pour eux à cette attribution. Mais nous résistons à placer à leur suite le bronze GIAMILO-GIAMILOS et notre denier, pour lesquels les raisons de décider déterminantes que nous venons de rappeler n'existent pas.

Nous ne nous dissimulons pas la gravité de l'objection que suggère naturellement ce système de division dans les attributions. Voici en quoi elle consiste. L'histoire de la Gaule ne paraît pas avoir conservé la trace d'un chef du nom de Giamilus; et lorsqu'il est déjà si difficile d'en retrouver un, l'esprit résiste à se placer dans le cas d'en admettre et d'en rechercher deux, ou d'expliquer le transport du nom d'un personnage unique dans des contrées différentes, obligation qui s'imposerait, s'il fallait conclure à une division à établir dans l'attribution de ces pièces diverses.

Si spécieuse qu'elle puisse être, cette objection n'est pas péremptoire. Il n'y a rien d'invraisemblable ni même de difficile à admettre, bien que l'histoire n'en retrouve pas la trace, l'existence de deux personnages du même nom dans diverses contrées. La numismatique gauloise en offre déjà l'exemple.

Ainsi l'on reconnaît l'existence de deux chefs du nom ECCAIOS, l'un appartenant aux Senons (pièces de bronze), l'autre à la série pannonienne (pièces d'argent, tétradrachmes); on admet aussi deux chefs du nom de KALEDV, l'un arverne (bronzes), l'autre calète ou éburovice (deniers).

Ne se demande-t-on pas également si, indépendamment du chef éduen Divitiacus, ami de César, mentionné par ses *Commentaires*, il n'y a pas eu un autre Divitiacus chez les Suessions ?

D'autres questions de cette nature sont controversées, comme pour le SOAIMA des Bituriges, auquel on donnerait un homonyme dans le Jura ; mais, sans toucher à ces controverses, il est certain que l'existence de deux GIAMILOS serait loin d'être un fait isolé dans l'histoire et le monnayage de la Gaule.

En outre, combien de circonstances militent dans le sens de cette distinction entre les bronzes GIAMILO-SIINVI d'une part, et d'autre part le denier et le bronze à légende GIAMILO-GIAMILOS !

Les premiers sont d'une frappe barbare ; les seconds sont d'un beau style.

Les uns portent le mot SIINVI ; les autres ne le portent pas.

Les uns se sont trouvés en masse homogène près de Sens ; les autres ne figuraient pas dans ces trouvailles ; et notre denier vient de se rencontrer bien loin de là, dans la direction du sud-ouest, à 19 kilomètres au sud de Poitiers.

Enfin et surtout le type de notre denier, du côté du revers, indique une origine méridionale dans cette direction du sud-ouest.

Ce type constitue un fait nouveau que n'ont pu prévoir ni Duchalais ni M. Hucher, et qui autorise, qui peut-être nécessite de nouvelles conjectures. Sans doute la grande ressemblance de l'avers plus haut établie, et la communauté de la légende GIAMILOS-GIAMILOS, ne permettent pas de séparer le dernier bronze décrit et le denier. Mais celui-ci n'indique-t-il pas que, pour l'un et l'autre, une raison de décider nouvelle doit les faire attribuer à un peuple de l'ouest ou du sud-ouest de la Gaule, tandis que les bronzes GIAMILO-SIINVI restent à un peuple du Nord, aux Senons ?

Il ne s'agit pas seulement, dans notre denier, du type du cheval monté et tenu en bride. On pourrait objecter que ce type se retrouve dans d'autres parties de la Gaule et même dans la Belgique, témoin les monnaies de bronze au nom ANDOB et ANDOBRV que l'on donne aux Atrebates (Hucher, 2ᵉ partie de l'*Art gaulois*, page 104 n° 102, et 1re partie, page 42 ; — *Dictionnaire archéologique de la Gaule*, planches de monnaies gauloises n° 230), et autres.

C'est à l'occasion de ces pièces au cheval monté, au pas ou allant tout au plus au trot, que M. Hermand, dans sa numismatique gallo-belge (*Revue numismatique belge*, tome III, 1e série, page 187), fait ressortir l'antithèse entre cette image et le cheval libre et bondissant des dernières années de l'indépendance gauloise : comme si ce nouveau type était le symbole de la Gaule domptée.

S'il y a cela dans le revers de notre denier avec son cavalier tenant son cheval en bride, il y a quelque chose de plus. Il présente en outre une circonstance qui le distingue entre toutes dans le monnayage gaulois. Ce trait caractéristique gît dans le rameau que le cavalier porte sur son épaule.

Or cette particularité nous reporte vers le Sud-Ouest.

Il suffit de jeter les yeux sur le monnayage de la péninsule ibérique et, entre autres ouvrages, sur les nombreuses planches du volume de *Recherches concernant les médailles celtibériennes* de M. de Lorichs (pl. III, IX, XII, XIII, XVIII, XXX, XXXIV, XLIV, LI, LXI, etc.), sur celles de la *Description générale des monnaies antiques de l'Espagne* par M. Aloïss Heïss, et l'*Essai de classification des monnaies autonomes d'Espagne* de M. de Saulcy, pour reconnaître que le type du cavalier porteur d'une palme est ibérien.

De même qu'après des hésitations et des controverses, les maîtres de la science ont établi cette vérité que c'est dans le sud-est de la Gaule, dans le voisinage des Alpes et sur les bords mêmes de la Durance, qu'a été émise la nombreuse série de pièces gauloises portant un cavalier au galop la lance en arrêt, au type romain des Dioscures réduit à un seul personnage ; de même c'est vers l'Aquitaine, et dans la direction des Pyrénées, qu'il est rationnel de chercher le lieu d'origine du type de notre denier au cavalier portant un rameau.

Les premières pièces au nom complet de DVRNACOS-AVSCROCOS, émises au sud-est de la Gaule, ont pu être trouvées auprès du Mans (Hucher, *Art gaulois*, page 23) ; plus naturellement, le second exemplaire connu du denier GIAMILOS s'est trouvé à Vernon

(Vienne), en paraissant avoir le sud-ouest de la Gaule pour lieu d'origine.

Il résulte du passage ci-dessus cité du travail de M. de Barthélemy que, dans le trésor de Vernon, se trouvent d'autres exceptions tirées également du monnayage du sud-ouest de la Gaule.

Ce type ibérien du cavalier portant une palme est encore, du reste, d'après M. de Lorichs (*loco citato*, pages 132 et 133), une autre imitation du type romain des Dioscures réduit à l'unité; elle est admise aussi fréquemment que celle du cavalier armé d'une lance dans le monnayage celtibérien.

N'est-il pas permis de penser que le type de notre denier GIAMILOS, pour lequel il n'existe pas de similaire au cavalier chargé d'un rameau le reportant vers une autre partie de la Gaule, a franchi les Pyrénées, et de l'Ibérie a passé dans la Gaule du sud-ouest ou même de l'ouest?

Notre denier GIAMILOS au cavalier portant un rameau rappelle incontestablement la partie ci-dessus signalée du monnayage ibérien; et cette étude du type conduit à admettre une attribution méridionale en Aquitaine ou dans le voisinage de l'Aquitaine, sans qu'il nous soit possible, en l'état de la question, de préciser davantage.

Dans le monnayage consulaire romain, on trouve un cavalier avec rameau sur des deniers de la famille *Calpurnia* (Cohen, pl. IX, 10, 11, 12, 15, 16, 19; Mommsen-Blacas-De Witte, *Histoire de la monnaie romaine*, t. IV, pl. XI, 7). Le type de ces deniers romains successivement frappés en 665 ou 666 de la fondation de Rome (89 et 88 av. J.-C.) par le monétaire Lucius Piso Frugi, et en 693 (61 av. J.-C.), pour le denier reproduit dans Mommsen, par le fils du précédent, Caïus Piso, qui, suivant l'habitude en pareil cas, a copié les monnaies de son père, est considéré comme faisant allusion aux jeux apollinaires institués par un de leurs ancêtres, C. Calpurnius Piso (Mommsen-Blacas-De Witte, t. II, p. 438 *note* 2, et t. IV, p. 65). Mais en outre ces monétaires romains eux-mêmes pourraient bien s'être inspirés du monnayage celtibérien, le père de L. Piso Frugi ayant été préteur en Espagne (*id.*, t. II, p. 407 et 408 *note*). Du reste, s'il y a là deux imitations celtibériennes, l'une romaine, l'autre gauloise, il n'existe pas d'autres ressemblances entre elles, en dehors du rameau porté par le cavalier, et rien n'indique que l'une vienne de l'autre.

Ce n'est donc ni vers les Alpes ni vers l'Italie que, pour le type de notre denier, il faut tourner les yeux, mais seulement vers l'Espagne.

Loin de contredire l'attribution par nous proposée à l'ouest ou au sud-ouest de la Gaule, la découverte de ce denier à Vernon, à dix-neuf kilomètres au sud de Poitiers, se prête à cette conjecture.

Nous avons en effet annoncé que nous ne voulions que conjecturer sur cette question difficile et très-compliquée de l'attribution de ce rare denier.

(Extrait du *Bulletin de la Société des antiquaires de l'Ouest*,
1er trimestre de 1877.)

OUVRAGES DU MÊME AUTEUR.

I. — DROIT ADMINISTRATIF ET ÉCONOMIE POLITIQUE.

Cours de Droit administratif contenant l'exposé et le commentaire de la législation administrative dans son dernier état, avec la reproduction des principaux textes, dans un ordre méthodique. 5ᵉ édition ; 1877. 2 très-forts vol. in-8° ; Thorin, éditeur. 18 fr.

Traités des édifices publics d'après la législation civile, administrative et criminelle ; **des ventes domaniales** avant et depuis la loi du 1ᵉʳ juin 1864, qui règle l'aliénation des biens du domaine de l'État ; **des partages de biens communaux et sectionnaires.** Un volume in-8°, avec tables générales, et l'Éloge de Foucart ; 1865.

De la Monnaie au point de vue de l'économie politique et du droit, et **du Service monétaire de la France** comparé à celui des principaux États européens ; 1865.

Des Églises et autres édifices du culte catholique ; 1866.

Des Expropriants et du droit de poursuite appartenant à chacun d'eux ; 1866.

Théorie de l'extradition ; 1867.

Le Conseil d'État et son histoire ; 1867.

La Cour des Comptes et son histoire ; 1867.

Rapports à la Société des antiquaires de l'Ouest pour sa reconnaissance comme établissement d'utilité publique (*Bulletins de la Société*, 1875, 3ᵉ trimestre).

De la Formule actuelle de promulgation des lois, de la date qui en résulte, et de leur contradiction avec les lois constitutionnelles du 25 février et du 16 juillet 1875 ; — 1877.

II. — DROIT CIVIL.

Théorie des Fautes dans les contrats, quasi-contrats, délits et quasi-délits, en droit romain et en droit français (Thèse de doctorat) ; 1854.

III. — NUMISMATIQUE.

(Mémoires et Bulletins de la *Société des antiquaires de l'Ouest*.)

Le Trésor de Vernon (monnaies romaines consulaires et monnaies gauloises) ; 1874.

Le Sesterce et l'Histoire de sa fabrication dans le monnayage romain, à propos du Sesterce du trésor de Vernon ; 1875.

Note sur un dépôt de 3700 petits bronzes frappés sous le règne de Constantin, trouvé à Prinçay près Monts (Vienne), en 1876.

Observations sur le monnayage anglo-français de l'Aquitaine, dans les ateliers de Bordeaux et de Poitiers, et dans l'atelier probable de Périgueux ; 1876.

Note sur de nouvelles fouilles faites à Vernon (Vienne) ; 1876.

Poitiers. — Typ. de A. Dupré.

Original en couleur
NF Z 43-120-8

www.ingramcontent.com/pod-product-compliance
Lightning Source LLC
Chambersburg PA
CBHW071432060426
42450CB00009BA/2137